SUPER FACILE
TOUT LE MONDE PEUT CUISINER !

Apéro Super Facile

NATACHA ARNOULT
PHOTOGRAPHIES DE VALÉRY GUEDES

MARABOUT

Sommaire

BOUCHÉES GOURMANDES

CAKES

FROMAGE

COCKTAILS

NUTS GRILLÉES PIMENTÉES

prêt en 5 minutes

10 minutes de cuisson

pour 4 personnes

piment de Cayenne
½ cuillère à café

ail
4 gousses

amandes sèches
110 g

noix de pécan
125 g

graines de courge
110 g

fleur de sel
½ cuillère à café

- Préchauffez le four à 130 °C. Pelez les gousses d'ail. Faites chauffer 1 cuillère à soupe d'huile d'olive dans une poêle et faites revenir les gousses d'ail sans coloration pendant 2-3 minutes. Ajoutez les amandes, les noix de pécan et les graines de courge, mélangez. Ajoutez le sel et le piment. Ajustez la quantité de sel et de piment.
- Transférez le mélange sur une plaque recouverte de papier sulfurisé et faites torréfier 10 minutes au four, en mélangeant de temps en temps. Servez un peu chaud ou à température ambiante.

AMANDES CROQUANTES

prêt en 10 minutes

15 minutes de cuisson

pour 4 personnes

amandes sèches
300 g

huile d'olive
1 cuillère à soupe

fleur de sel
½ cuillère à café

cassonade
3 cuillères à soupe

piment d'Espelette
1 pincée

- Préchauffez le four à 180 °C. Enrobez les amandes d'huile d'olive, de sel et de piment. Placez-les sur une plaque recouverte de papier sulfurisé et faites-les torréfier 10 minutes dans le four, en mélangeant de temps en temps. Laissez tiédir.
- Faites chauffer une poêle à feu doux à moyen, ajoutez les amandes et saupoudrez-les de cassonade. Laissez caraméliser 2-3 minutes. Transférez sur une feuille de papier sulfurisé en séparant bien les amandes. Laissez refroidir.

POPCORN PISTACHES

prêt en 10 minutes

5 minutes de cuisson

pour 4 personnes

pop corn
250 g

pistaches salées
80 g

sucre
120 g

beurre salé
50 g

- Hachez les pistaches. Mélangez-les pistaches avec le pop corn.
- Faites caraméliser le sucre à sec dans une poêle antiadhésive. Dès qu'il devient ambré, ajoutez le beurre hors du feu. Versez sur le popcorn et mélangez pour bien enrober les grains. Laissez tiédir.

LÉGUMES AU VINAIGRE

prêt en 15 minutes

3 minutes de cuisson

pour 4 personnes

légumes crus
250 g

vinaigre de vin blanc
15 cl

sucre
2 cuillères à soupe

épices
½ cuillère à café

- Rincez et séchez les légumes de votre choix : radis, carottes, céleri… puis détaillez-les en petits dés. Mettez-les dans un bocal avec les épices.
- Portez le vinaigre et le sucre à ébullition dans une casserole et versez immédiatement sur les légumes.
- Fermez le bocal hermétiquement, retournez pendant 12 heures. Dégustez à partir du lendemain.

ESCARGOTS À LA TAPENADE

prêt en 20 minutes

12 minutes de cuisson

pour 4 personnes

pâtes feuilletées
2 rouleaux

tapenade noire
½ pot

- Étalez la tapenade sur l'une des pâtes feuilletées. Recouvrez de l'autre pâte feuilletée.
- Roulez les pâtes en serrant bien. Placez au congélateur pendant 30-45 minutes.
- Coupez le rouleau en tranches et remettez au congélateur. Préchauffez le four à 180 °C et enfournez 12-15 minutes. Servez tiède ou froid.

TORSADES AU PARMESAN

pâte feuilletée
1 rouleau

œuf
x 1 jaune

parmesan
1 morceau

prêt en 15 minutes

10 minutes de cuisson

pour 4 personnes

- Râpez l'équivalent de 2 cuillères à soupe de parmesan.
- Découpez la pâte feuilletée en lanières et étalez-les sur une plaque à four recouverte de papier sulfurisé. Badigeonnez-les de jaune d'œuf à l'aide d'un pinceau. Saupoudrez de parmesan râpé.
- Formez des torsades. Réservez au réfrigérateur pendant 15 minutes.
- Préchauffez le four à 180 °C et enfournez 10 minutes.

FEUILLETÉS AUX PISTACHES

prêt en 20 minutes

20 minutes de cuisson

pour 4 personnes

pâte feuilletée
1 rouleau

œuf
x 1 jaune

pistaches vertes
2 cuillerées à soupe

- Hachez finement les pistaches. Découpez la pâte feuilletée en lanières et étalez-les sur une plaque à four recouverte de papier sulfurisé. Badigeonnez-les de jaune d'œuf. Saupoudrez de pistaches.
- Formez des torsades. Réservez au réfrigérateur pendant 15 minutes.
- Préchauffez le four à 180 °C. Faites cuire pendant 10 minutes.

8

FEUILLETÉS AU PESTO

prêt en 10 minutes

10 minutes de cuisson

pour 4 personnes

pâtes feuilletées
2 rouleaux

pesto
2 cuillères à soupe

- Déroulez les pâtes sur le plan de travail. Étalez le pesto sur une pâte, déposez la seconde pâte dessus et pressez légèrement avec un rouleau à pâtisserie.
- Découpez des bandes de pâte et rangez-les sur une plaque recouverte de papier sulfurisé en les espaçant bien. Placez au réfrigérateur pendant 15 minutes.
- Préchauffez le four à 180 °C. Faites cuire les feuilletés 12 minutes.

TARTE SOLEIL

prêt en 20 minutes

35 minutes de cuisson

pour 4 personnes

pâtes feuilletées
2 rouleaux

pesto ou tapenade
160 g

œuf
x 1

- Étalez le pesto sur une pâte feuilletée. Recouvrez de la seconde pâte et soudez les pâtes. Badigeonnez d'œuf battu.
- Appuyez légèrement avec un verre retourné au centre de la tarte. Découpez 24 bandes autour du cercle dessiné par le verre, en partant du centre vers l'extérieur. Réalisez des torsades.
- Placez au congélateur pendant 10 minutes.
- Préchauffez le four à 180 °C. Faites cuire 35 minutes environ.

FEUILLETÉS SAUCISSE

prêt en 20 minutes

10 minutes de cuisson

pour 4 personnes

pâte feuilletée
1 rouleau

saucisses de Strasbourg
x 4

œuf
x 1

- Coupez 4 bandes de pâte feuilletée assez larges pour enrouler les saucisses. Badigeonnez-les d'œuf battu. Placez les saucisses sur les bandes de pâte et enroulez-les puis soudez les bords de pâte.
- Coupez en rondelles épaisses et placez-les au congélateur pendant 10 minutes.
- Préchauffez le four à 180 °C et faites cuire les feuilletés pendant 10-12 minutes.

MINI TATIN TOMATES CERISES

prêt en 20 minutes

20 minutes de cuisson

pour 4 personnes

tomates cerises
250 g

échalote
x 1

vinaigre balsamique
2 cuillères à soupe

huile d'olive
2 cuillères à soupe

pâte feuilletée
1 rouleau

thym
2 branches

- Hachez l'échalote. Faites-la revenir dans l'huile d'olive pendant 3-4 minutes. Ajoutez les tomates cerises et le thym et laissez cuire 3 minutes. Déglacez avec le vinaigre balsamique. Salez et poivrez.
- Répartissez les tomates cerises dans les alvéoles d'un moule à muffins ou des moules à tartelette.
- Préchauffez le four à 180 °C. Découpez des disques de pâte et posez-les sur les tomates cerises en rentrant légèrement la pâte sur les bords. Faites cuire 12 minutes. Servez tiède.

TARTELETTES OIGNONS BLEU

prêt en 20 minutes

10 minutes de cuisson

pour 4 personnes

pâte feuilletée
1 rouleau

confit d'oignon
4 cuillères à soupe

fromage bleu
150 g

thym
2 branches

- Préchauffez le four à 180 °C. Découpez des disques de pâte et déposez-les dans des moules à tartelettes ou les alvéoles d'un moule à muffins.
- Garnissez de confit d'oignons et faites cuire 10-12 minutes. Garnissez de fromage bleu et servez.

MINI TARTES CHÈVRE OIGNONS

prêt en 30 minutes

30 minutes de cuisson

pour 4 personnes

pâte feuilletée
1 rouleau

fromage de chèvre frais
100 g

huile d'olive
1 cuillère à soupe

miel
1 cuillère à soupe

oignons
x 2

thym frais
3 brins

- Émincez les oignons. Faites-les fondre sans coloration dans l'huile d'olive pendant 5 minutes. Ajoutez le miel et 1 branche de thym et laissez compoter 10-15 minutes. Laissez refroidir et retirez le thym.
- Préchauffez le four à 180 °C. Découpez des disques de pâte et déposez-les dans des moules à tartelette ou les alvéoles d'un moule à muffins. Garnissez de confit d'oignons et d'un peu de chèvre frais. Émiettez le thym restant sur les tartelettes.
- Enfournez 12 minutes environ.

TARTINES TOMATES ANCHOIS

prêt en 10 minutes

sans cuisson

pour 4 personnes

pain
8 tranches

tomates
x 2

anchois frais marinés
x 16

huile d'olive
4 cuillères à soupe

oignon
x 1

- Lavez et séchez les tomates. Retirez le pédoncule. Coupez les tomates en morceaux. Pelez l'oignon et coupez-le en rondelles fines. Faites griller le pain.

- Dressez les tomates, les anchois égouttés et les oignons sur le pain. Arrosez d'un filet d'huile d'olive, salez légèrement et poivrez.

TARTINES DE SAUMON FUMÉ

prêt en 10 minutes

sans cuisson

pour 4 personnes

pain
8 tranches

saumon fumé
8 tranches

fromage à la crème
120 g

aneth
2 brins

betterave cuite
x 1

huile d'olive
1 filet

- Détaillez la betterave en petits cubes. Faites griller les tranches de pain.
- Tartinez-les de fromage à la crème, garnissez-les d'une tranche de saumon fumé et de cubes de betteraves. Arrosez d'un filet d'huile d'olive, parsemez d'un peu d'aneth, salez très légèrement et poivrez.

TARTINES FOURME D'AMBERT

pain
8 tranches

poires
1 ou 2 (selon la taille)

fourme d'Ambert
100 g

huile de noisette
2 cuillères à soupe

prêt en 10 minutes

sans cuisson

pour 4 personnes

- Faites griller le pain. Pelez les poires (facultatif) et détaillez-les en lamelles fines.
- Sur chaque tranche de pain, déposez des lamelles de poire, un morceau de fourme d'Ambert, arrosez d'un filet d'huile de noisette et poivre.
- Ajoutez quelques pousses d'épinard.

17

TARTINES CHÈVRE PESTO

pain
8 tranches

tomates multicolores
4 petites

pesto
2 cuillères à soupe

huile d'olive
1 filet

fromage de chèvre frais
120 g

prêt en 10 minutes

sans cuisson

pour 4 personnes

- Lavez et séchez les tomates. Coupez-les en morceaux. Faites griller les tranches de pain.
- Tartinez les tranches de pain de pesto, garnissez de tomates et de fromage de chèvre frais, arrosez d'un filet d'huile d'olive, salez et poivrez.

TARTINES CHIC

prêt en 10 minutes

sans cuisson

pour 4 personnes

pain de mie
8 tranches

foie gras de canard
½ bloc

chutney de figues
3 cuillères à soupe

fleur de sel
1 pincée

poire
x 1

- Pelez la poire et détaillez-la en petits dés. Faites griller le pain de mie.
- Tartinez le pain d'un peu de chutney de figues, garnissez de dés de poire et d'un morceau de foie gras. Parsemez de fleur de sel et poivrez.
- Conseil : arrosez les poires d'un peu de jus de citron pour éviter qu'elles ne noircissent.

SMÖRBROD AUX CREVETTES

prêt en 15 minutes

sans cuisson

pour 4 personnes

pain noir aux céréales
4 tranches

sucrines
x 2

crevettes roses cuites
250 g

mayonnaise
1 cuillère à soupe

aneth
2 brins

- Décortiquez les crevettes. Rincez et essorez la salade.
- Coupez les tranches de pain en deux, garnissez-les de crevettes, d'un peu de mayonnaise et décorez avec un peu d'aneth.

SMÖRBROD DES GRISONS

prêt en 10 minutes

sans cuisson

pour 4 personnes

pain noir
4 tranches

beurre doux
40 g

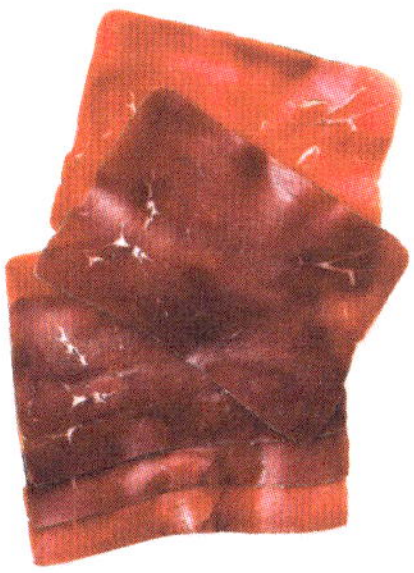

viande séchée
8 tranches

carotte
x 1

cornichons
x 3

oignons au vinaigre
x 16

- Pelez la carotte, faites des lanières à l'aide d'un économe et mettez-les dans l'eau froide quelques minutes pour garder leur croquant. Coupez les cornichons en rondelles.
- Coupez les tranches de pain en deux. Tartinez-les de beurre et garnissez-les d'une tranche de viande séchée, de lanières de carottes égouttées, de rondelles de cornichons et de petits oignons. Parsemez de ciboulette ciselée.

PAIN À LA TOMATE ET À L'AIL

prêt en 10 minutes

sans cuisson

pour 4 personnes

pain de campagne
8 tranches

ail
2 gousses

tomates
x 2 ou 3

huile d'olive
4 cuillères à soupe

- Pelez les gousses d'ail et dégermez-les. Lavez et séchez les tomates puis détaillez-les en morceaux.
- Faites griller les tranches de pain puis frottez-les à l'ail. Arrosez d'un filet d'huile d'olive puis garnissez de tomates, parsemez de fleur de sel et poivrez. Arrosez de nouveau d'un peu d'huile d'olive.

TARTINES TOMATES PESTO

prêt en 10 minutes

sans cuisson

pour 4 personnes

pain de campagne
8 tranches

pesto
4 cuillères à soupe

tomates confites
300 g

basilic
quelques feuilles

- Faites griller les tranches de pain.
- Garnissez-les de pesto et de tomates confites. Décorez avec quelques feuilles de basilic.

MINI CLUB CONCOMBRE

prêt en 15 minutes

sans cuisson

pour 4 personnes

pain de mie
8 tranches

fromage à la crème
100 g

concombre
x ½

ciboulette
1 bouquet

mayonnaise
2 cuillères à soupe

- Rincez et séchez la ciboulette puis hachez-la finement. Lavez et séchez le concombre puis tranchez-le finement. Retirez la croûte du pain de mie.
- Tartinez 4 tranches de pain de mie de fromage à la crème. Garnissez de tranches de concombre puis recouvrez des tranches de pain de mie restantes. Coupez en 4 en diagonale.
- Tartinez 1 bord de mayonnaise et passez-le dans les fines herbes. Renouvelez l'opération avec les autres sandwiches.

TARTINES CRABE CONCOMBRE

prêt en 12 minutes

sans cuisson

pour 4 personnes

pain de mie
8 tranches

concombre
x 1

fromage à la crème
100 g

chair de crabe
1 boîte

aneth
quelques brins

- Lavez et séchez le concombre puis détaillez-le en rondelles fines. Retirez la croûte du pain de mie.
- Tartinez le pain de fromage à la crème. Garnissez de rondelles de concombre puis de chair de crabe. Décorez avec un peu d'aneth ciselé.

MINI CROQUE AU PÂTÉ

pain de mie
8 tranches

confit d'oignons
1 petit pot

terrine de campagne
1 belle tranche

beurre
30 g

prêt en 15 minutes

5 minutes de cuisson

pour 4 personnes

- Retirez la croûte du pain de mie.
- Tartinez 4 tranches de pain de mie de terrine de campagne et recouvrez d'un peu d'oignons confits. Recouvrez des tranches de pain de mie restantes.
- Faites chauffer le beurre dans une grande poêle et faites dorer les sandwiches 3 minutes de chaque coté. Coupez-les en quatre.

PAIN HÉRISSON

prêt en 10 minutes

12 minutes de cuisson

pour 4 personnes

pain de campagne
x 1 boule

pesto rouge
4 cuillères à soupe

huile d'olive
1 filet

thym
3 brins

○ Préchauffez le four à 180 °C. Incisez le pain pour former un quadrillage sans le couper complètement.

○ Garnissez les interstices de pesto rouge et parsemez de thym. Arrosez d'un filet d'huile d'olive et enfournez 10 - 12 minutes.

TARTINES À LA POUTARGUE

baguette
16 tranches fines

poutargue
200 g

huile d'olive
4 cuillères à soupe

beurre
30 g

prêt en 10 minutes

sans cuisson

pour 4 personnes

- Retirez la poutargue de son enveloppe de paraffine, retirez la peau et détaillez en lamelles à l'aide d'un économe.
- Faites griller les tranches de pain au grille-pain ou sous le gril du four. Tartinez de beurre ou arrosez d'un filet d'huile d'olive.
- Répartissez la poutargue sur les tartines grillées.

PAIN PESTO JAMBON

prêt en 10 minutes

10 minutes de cuisson

pour 4 personnes

baguette
x 1

pesto
1 petit pot

jambon de Parme
8 tranches fines

- Préchauffez le four à 180 °C.
- Tranchez la baguette en biseaux sans couper complètement les tranches. Garnissez les interstices de pesto et d'un peu de jambon.
- Enveloppez de papier sulfurisé et enfournez 10 minutes.

CROSTINI RICOTTA RAISIN

prêt en 10 minutes

5 minutes de cuisson

pour 4 personnes

pain de campagne
8 tranches

ricotta
120 g

raisin
100 g

pignons de pin
40 g

huile d'olive
2 cuillères à soupe

romarin
10 petits brins

- Hachez finement les brins de romarin. Coupez les grains de raisin en deux. Faites dorer les pignons de pin dans une poêle antiadhésive pendant 5 minutes en mélangeant souvent.

- Faites griller les tranches de pain puis tartinez-les de ricotta. Garnissez-les de raisin et de pignons de pin, puis parsemez-les de romarin haché, de fleur de sel et arrosez-les d'un trait d'huile d'olive. Poivrez.

CROSTINI CHAMPI BURRATA

prêt en 15 minutes

8 minutes de cuisson

pour 4 personnes

pain de campagne
8 tranches

champignons de Paris
300 g

huile d'olive
3 cuillères à soupe

beurre
20 g

thym
3 brins

burrata

- Coupez le pied des champignons de Paris et essuyez-les avec un linge. Coupez-les en 2 ou en 4. Faites chauffer 1 cuillère à soupe d'huile d'olive et le beurre dans une poêle. Faites cuire les champignons à feu assez vif pendant 8 minutes, jusqu'à ce que l'eau soit évaporée. Salez et poivrez. Parsemez d'un peu de thym.
- Détaillez la burrata en petits morceaux. Faites griller les tranches de pain et garnissez-les de champignons et de burrata. Arrosez du reste d'huile d'olive et parsemez de thym. Poivrez.

HOUMOUS

prêt en 20 minutes

sans cuisson

pour 4 personnes

pois chiches cuits
1 boîte de 240 g

ail
2 gousses

tahini
2 cuillères à soupe

huile d'olive
6-8 cuillères à soupe

citron
x ½

- Égouttez les pois chiches, rincez-les et retirez les peaux. Pelez les gousses d'ail et dégermez-les. Pressez le demi-citron.
- Mixez ensemble les pois chiches, l'ail, le tahini, l'huile d'olive et le jus de citron. Salez et poivrez.
- Arrosez d'un filet d'huile d'olive au moment de servir.

HOUMOUS DE FÈVES

prêt en 15 minutes

3 minutes de cuisson

pour 4 personnes

fèves surgelées écossées
300 g

ail
2 gousses

huile d'olive
6-8 cuillères à soupe

citron
x ½

coriandre
quelques brins

○ Pelez et dégermez les gousses d'ail. Pressez le demi-citron.

○ Plongez les fèves dans une casserole d'eau bouillante salée pendant 3 minutes. Égouttez et rafraichissez sous l'eau froide.

○ Mixez les fèves avec l'ail, l'huile d'olive, le jus de citron et la coriandre. Salez et poivrez. Servez frais.

CRÈME DE FETA

prêt en 20 minutes

sans cuisson

pour 4 personnes

feta
300 g

fromage à la crème
100 g

crème fraîche
2 cuillères à soupe

huile d'olive
4 cuillères à soupe

citron
x ½

- Pressez le demi-citron. Placez la feta dans un saladier et couvrez d'eau froide. Laissez tremper 30 minutes pour la dessaler. Égouttez-la puis émiettez-la.
- Mixez ensemble la feta, le fromage et la crème fraîche, 4 cuillères à soupe d'huile d'olive et 1 cuillère à soupe de jus de citron. Placez 1 heure au réfrigérateur.
- Servez avec du pain grillé.

THON À LA CRÈME

prêt en 15 minutes

sans cuisson

pour 4 personnes

thon à l'huile d'olive
1 boîte

crème fraîche
2 cuillères à soupe

oignons nouveaux
x 2

fines herbes
½ bouquet

citron
x ½

- Prélevez le zeste du citron puis pressez-le. Émincez les oignons nouveaux. Ciselez les fines herbes. Égouttez le thon.
- Mélangez le thon, la crème fraîche, les oignons nouveaux, les fines herbes, le zeste et le jus de citron à la fourchette.
- Salez légèrement et poivrez. Placez au réfrigérateur jusqu'au moment de servir.

TARAMA

prêt en 15 minutes

sans cuisson

pour 4 personnes

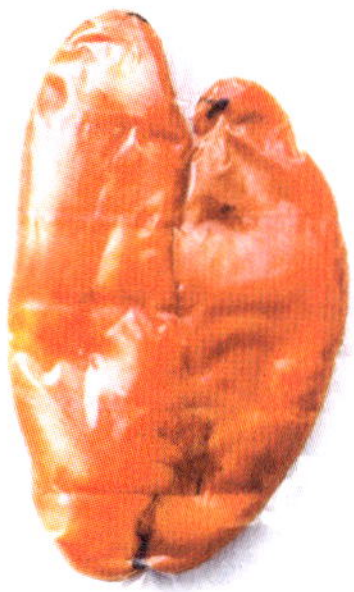

œufs de cabillaud fumés
150 g

mie de pain
30 g

citron
x ½

lait
3 cuillères à soupe

huile de colza
15 cl

- Émiettez le pain et faites-le tremper dans le lait.
- Retirez la pellicule qui recouvre les œufs de cabillaud. Écrasez-les finement à la fourchette avec le pain essoré. Ajoutez un peu de jus de citron. Versez l'huile peu à peu en fouettant au fouet électrique. La consistance doit être celle d'une mayonnaise.
- Ajoutez le reste de jus de citron. Servez avec du pain grillé, des cornichons à la russe et un peu d'aneth.

DIP PAPRIKA OIGNONS

prêt en 10 minutes

sans cuisson

pour 4 personnes

fromage à la crème
250 g

paprika
1 cuillère à soupe

oignons nouveaux
x 2

- Émincez finement les oignons nouveaux.
- Mélangez le fromage et le paprika puis ajoutez les oignons nouveaux. Réservez 1 heure au frais.

TZATZIKI À LA GRENADE

prêt en 30 minutes

5 minutes de cuisson

pour 4 personnes

grenade
x ½

yaourt grec
40 cl

oignons nouveaux
x 2

coriandre
4 brins

graines de cumin
½ cuillère à café

piment
1 pincée

- Faites torréfier le cumin à sec quelques minutes dans une poêle antiadhésive. Hachez la coriandre, émincez les oignons nouveaux.
- Faites rouler la grenade sur le plan de travail en pressant avec la paume de la main. Coupez-la en deux et récupérez les graines.
- Mélangez le yaourt, les graines de grenade (s'il y en a trop, ne mettez pas tout), la coriandre, et les oignons nouveaux. Salez un peu et poivrez généreusement, ajoutez le cumin et le piment. Arrosez de 1 cuillère à soupe d'huile d'olive. Réservez au frais.

CAVIAR D'AUBERGINES

prêt en 20 minutes

45 minutes de cuisson

pour 4 personnes

aubergines
x 4

ail
2 gousses

huile d'olive
8 cl

cumin en poudre
½ cuillère à café

citron
x ½

piment
1 pincée

- Pelez l'ail et dégermez-le. Pressez le citron.
- Préchauffez le gril du four. Faites noircir la peau des aubergines pendant 30-45 minutes en les retournant régulièrement. Laissez refroidir puis récupérez la chair à l'aide d'une cuillère.
- Égouttez-la si nécessaire puis mixez-la avec le cumin, l'huile d'olive, le jus de citron et l'ail. Salez et poivrez.
- Mettez au réfrigérateur jusqu'au moment de servir puis saupoudrez d'une pincée de piment.

RILLETTES AUX 2 SAUMONS

prêt en 20 minutes

10 minutes de cuisson

pour 4 personnes

filet de saumon
200 g

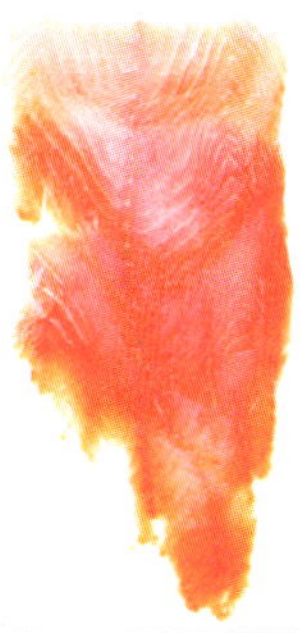

saumon fumé
150 g

beurre mou
50 g

aneth
2 brins

oignon nouveau
x 1

- Retirez la peau du saumon. Faites-le cuire 10 minutes à la vapeur. Laissez refroidir puis émiettez.
- Coupez finement le saumon fumé. Ciselez l'aneth, hachez l'oignon nouveau.
- Mélangez le tout, salez légèrement et poivrez.

RILLETTES DE SARDINES

prêt en 10 minutes

sans cuisson

pour 4 personnes

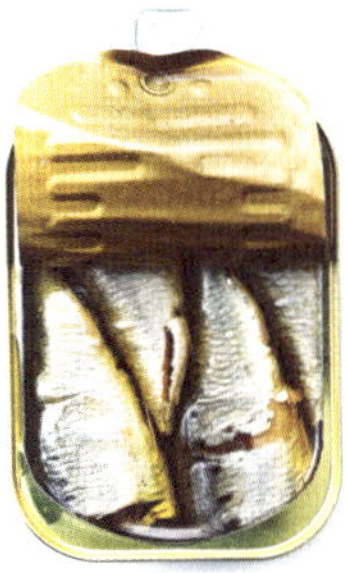

sardines à l'huile
1 boîte

fromage à la crème
100 g

oignon nouveau
x 1

- Hachez l'oignon nouveau. Retirez l'arête centrale des sardines. Émiettez la chair.
- Mélangez les sardines, le fromage et l'oignon nouveau. Salez légèrement et poivrez. Réservez au réfrigérateur jusqu'au moment de servir.

RILLETTES DE MAQUEREAUX

prêt en 10 minutes

sans cuisson

pour 4 personnes

maquereaux fumés
x 2 filets

beurre
40 g

citron
x 1

persil plat
5 brins

- Ciseler le persil. Pressez le citron.
- Retirez la peau de 2 filets de maquereaux fumés au poivre et émiettez la chair grossièrement. Ajoutez 30 g de beurre, un filet de jus de citron.
- Mélangez et transférez dans un bocal. Parsemez de persil ciselé.

GUACAMOLE

prêt en 15 minutes

sans cuisson

pour 4 personnes

tomate
x 1

oignon rouge
x ½

petit piment rouge fort
x 1 ou 2

avocats
x 3

coriandre
6 brins

citron vert
x 1

- Coupez la tomate et retirez les pépins. Coupez la chair en petits dés. Émincez l'oignon finement. Coupez le piment en deux, retirez les graines et hachez-le finement. Coupez les avocats en deux, retirez le noyau et récupérez la chair. Hachez finement la coriandre. Pressez le citron vert.

- Pilez ensemble la tomate, l'oignon et le piment avec un peu de sel dans un bol. Ajoutez la chair des avocats et la coriandre ainsi que le jus du citron vert. Goûtez et rectifiez l'assaisonnement.

TAPENADE FIGUE ET MENTHE

prêt en 10 minutes

sans cuisson

pour 4 personnes

olives noires
250 g

figues sèches
x 4

anchois
x 3

huile d'olive
6 cl

menthe
4 brins

- Effeuillez la menthe. Retirez le pédoncule des figues et coupez celles-ci en morceaux.
- Mixez tous les ingrédients.
- Transférez dans un bol, couvrez et placez au réfrigérateur jusqu'au moment de servir.

MOUSSE FOIES DE VOLAILLE

prêt en 15 minutes

10 minutes de cuisson

pour 4 personnes

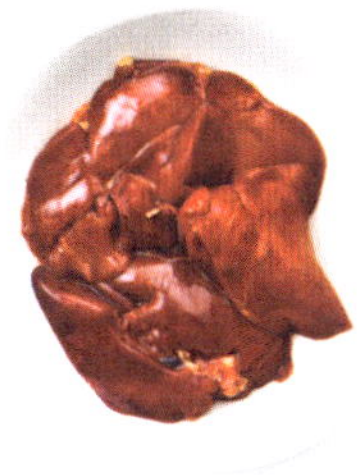

foies de volaille
250 g

beurre mou
125 g

ail
1 gousse

oignon
x 1

porto
1 cuillère à soupe

piment
1 pincée

- Dénervez les foies. Pelez l'oignon et hachez-le. Pelez et dégermez l'ail puis hachez-le.
- Faites revenir les foies de volaille dans 1 cuillère à soupe d'huile d'olive avec l'oignon et l'ail pendant 10 minutes. Les foies doivent être encore rosés. Salez et poivrez. Ajoutez le piment.
- Laissez tiédir puis mixez avec le beurre et le porto. Transférez dans un bol, couvrez et faites prendre pendant 3 heures au réfrigérateur.

GOUGÈRES AU FROMAGE

farine
140 g

comté râpé
150 g

lait
15 cl

œufs
x 4

beurre
110 g

prêt en 20 minutes

20 minutes de cuisson

pour 30 gougères

- Préchauffez le four à 180 °C. Portez 12,5 cl d'eau, le lait, le beurre et le sel à ébullition dans une casserole. Hors du feu, versez la farine en une fois et mélangez. Remettez la casserole sur le feu et desséchez la pâte en mélangeant (elle doit se décoller des parois). Transférez-la dans un bol et laissez tiédir. Versez les œufs sans cesser de fouetter. Incorporez le fromage râpé puis poivrez.
- Prélevez des noix de pâte à l'aide d'une cuillère. Badigeonnez de lait au pinceau. Enfournez 18 à 20 minutes.

SAMOSAS CHÈVRE MIEL

prêt en 20 minutes

10 minutes de cuisson

pour 4 personnes

feuilles de brick
x 12

fromage de chèvre frais
200 g

miel
4 cuillères à soupe

beurre mou
40 g

thym frais
12 brins

- Préchauffez le four à 210 °C. Mélangez le fromage de chèvre frais avec la moitié du miel. Salez et poivrez. Beurrez légèrement les feuilles de brick, placez un brin de thym au centre et repliez 2 bords vers le centre de façon à former une bande. Déposer une noix de fromage au miel à une extrémité puis repliez en triangle 3 fois de suite. Rentrez l'excédent de pâte dans le samosa.
- Déposez les samosas sur une plaque recouverte de papier sulfurisé et enfournez 8 minutes. Arrosez de miel à la sortie du four.

CREVETTES POUTARGUE

prêt en 10 minutes

5 minutes de cuisson

pour 4 personnes

crevettes crues
x 12 grosses

citron jaune
x ½

poutargue
30 g

beurre
20 g

- Décortiquez les crevettes. Prélevez le zeste du citron et pressez-le.
- Faites mousser le beurre dans une poêle et faites revenir les crevettes 3 minutes. Salez légèrement et poivrez. Retournez-les et poursuivez la cuisson 1-2 minutes. Veillez à ne pas trop les faire cuire.
- Dressez dans un plat de service, râpez un peu de poutargue et de zeste de citron. Arrosez d'un filet de jus de citron.

CHAMPIGNONS FARCIS

prêt en 15 minutes

10 minutes de cuisson

pour 4 personnes

champignons de Paris
x 12 gros

ail
2 gousses

huile d'olive
6 cuillères à soupe

feta
200 g

jambon sec
4 tranches fines

thym
4 branches

- Faites tremper la feta 1 heure dans de l'eau pour la dessaler. Égouttez-la et émiettez-la. Préchauffez le four à 180 °C. Pressez l'ail. Coupez les tranches de jambon en 2 ou 3. Hachez le persil. Nettoyez les champignons avec un linge propre et coupez la queue.
- Rangez les champignons dans un plat à four et arrosez-les d'huile d'olive. Ajoutez l'ail. Salez légèrement et poivrez. Enfournez 5 minutes puis garnissez-les de feta, de jambon et de thym. Poursuivez la cuisson 5 minutes.

PETITS PAINS AU ROMARIN

prêt en 10 minutes

10 minutes de cuisson

pour 4 personnes

pâte à pizza
1 boule

farine
1 cuillère à soupe

romarin
1 branche

huile d'olive
2 cuillères à soupe

fleur de sel
1 pincée

- Divisez la pâte à pizza en 4 pâtons. Étalez-les sur le plan de travail fariné.
- Faites chauffer une poêle (poêle gril si possible) à feu assez vif et faites cuire les pains plats pendant quelques minutes de chaque côté.
- Arrosez d'huile d'olive, parsemez de romarin et de fleur de sel. Servez sans attendre.

MINI PIZZAS

prêt en 15 minutes

8 minutes de cuisson

pour 4 personnes

pâte à pizza
x 1

tomates cerises
250 g

mozzarella di Bufala
1 boule

huile d'olive
4 cuillères à soupe

basilic
quelques feuilles

○ Préchauffez le four à 240 °C. Divisez la pâte en 8 pâtons. Étalez-les sur le plan de travail légèrement fariné puis avec les mains, en faisant tourner la pâte. Déposez sur une plaque recouverte de papier sulfurisé.

○ Coupez les tomates cerises en deux et la mozzarella en petits morceaux. Disposez les tomates et la mozzarella sur les pizzas. Salez et poivrez. Faites cuire 6-8 minutes. Arrosez d'huile d'olive et décorez des quelques feuilles de basilic.

MOZZARELLA MARINÉE

prêt en 10 minutes

sans cuisson

pour 4 personnes

billes de mozzarella
250 g

crème fraîche
3 cuillères à soupe

fleur de sel
1 pincée

citron
x ½

thym
3 brins

huile d'olive
2 cuillères à soupe

- Mélangez la mozzarella et la crème dans un plat creux. Râpez finement le zeste du demi-citron sur la mozzarella et ajoutez le jus de citron.
- Arrosez d'huile d'olive, parsemez de fleur de sel et de thym. Poivrez.

MAKIS DE SAUMON FUMÉ

prêt en 30 minutes

15 minutes de cuisson

pour 4 personnes

riz rond
300 g

fromage à la crème
100 g

vinaigre de riz
6 cuillères à soupe

sucre
2 cuillères à soupe

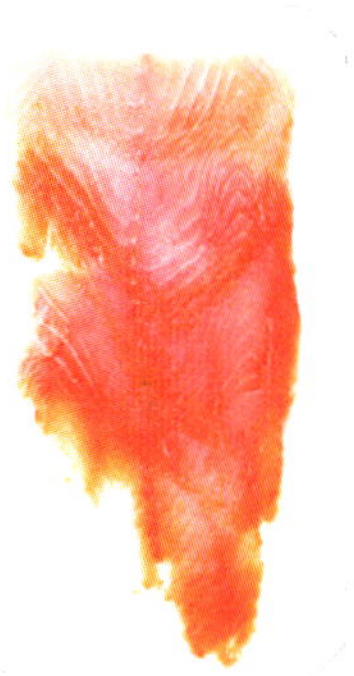

saumon fumé
8 tranches

- Rincez le riz 3 fois sous l'eau. Mettez-le dans un bol et faites-le tremper 1 heure dans de l'eau. Égouttez le riz, mettez-le dans une casserole avec 50 cl d'eau. Portez à ébullition, coupez le feu, couvrez et laissez reposer 10 minutes.
- Mélangez le vinaigre, 2 cuillères à café de sel et le sucre. Versez sur le riz et mélangez. Laissez refroidir. Étalez le riz sur les tranches de saumon. Tartinez d'un peu de fromage. Roulez. Filmez et conservez au frais. Découpez les rouleaux puis retirez le film.

FRITES AU FOUR

prêt en 15 minutes

30 minutes de cuisson

pour 4 personnes

pommes de terre
600 g

fleur de sel
1 cuillère à café

vinaigre de vin
3 cuillères à soupe

huile d'olive
4 cuillères à soupe

sucre
1 cuillère à soupe

- Préchauffez le four à 210 °C. Pelez les pommes de terre et coupez-les en frites épaisses. Mettez-les dans un plat à four.
- Portez à ébullition le vinaigre et le sucre dans une casserole. Laissez bouillir 3 minutes. Ajoutez l'huile et le sucre.
- Versez sur les pommes de terre et enrobez-les bien. Salez et poivrez. Faites rôtir 25-30 minutes.

TORTILLAS, SALSA ET FETA

prêt en 10 minutes

5 minutes de cuisson

pour 4 personnes

tortillas de maïs
1 paquet

feta
250 g

salsa douce ou piquante
1 pot

coriandre
10 brins

○ Préchauffez le four à 180 °C. Émiettez la feta. Hachez la coriandre.

○ Répartissez la salsa et la feta sur les tortillas. Faites chauffer 5 minutes au four.

○ Parsemez de coriandre hachée.

CROQUE-CAKES

prêt en 20 minutes

25 minutes de cuisson

pour 4 personnes

pain de mie
8-10 tranches

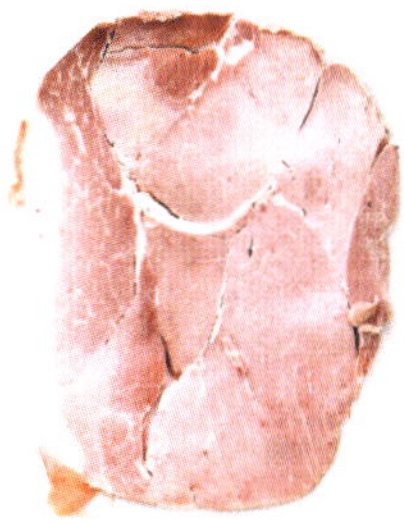

jambon blanc
4-6 tranches

beurre salé
60 g

gruyère râpé
80-100 g

○ Retirez la croûte du pain de mie. Préchauffez le four à 180 °C. Coupez les tranches de pain de mie de la taille du moule à cake. Beurrez le moule généreusement.

○ Déposez une couche de pain de mie beurré, une couche de jambon et une couche de fromage râpé. Renouvelez l'opération une fois. Terminez par une couche de pain de mie et de beurre.

○ Pressez bien. Faites cuire 25 minutes, démoulez et découpez.

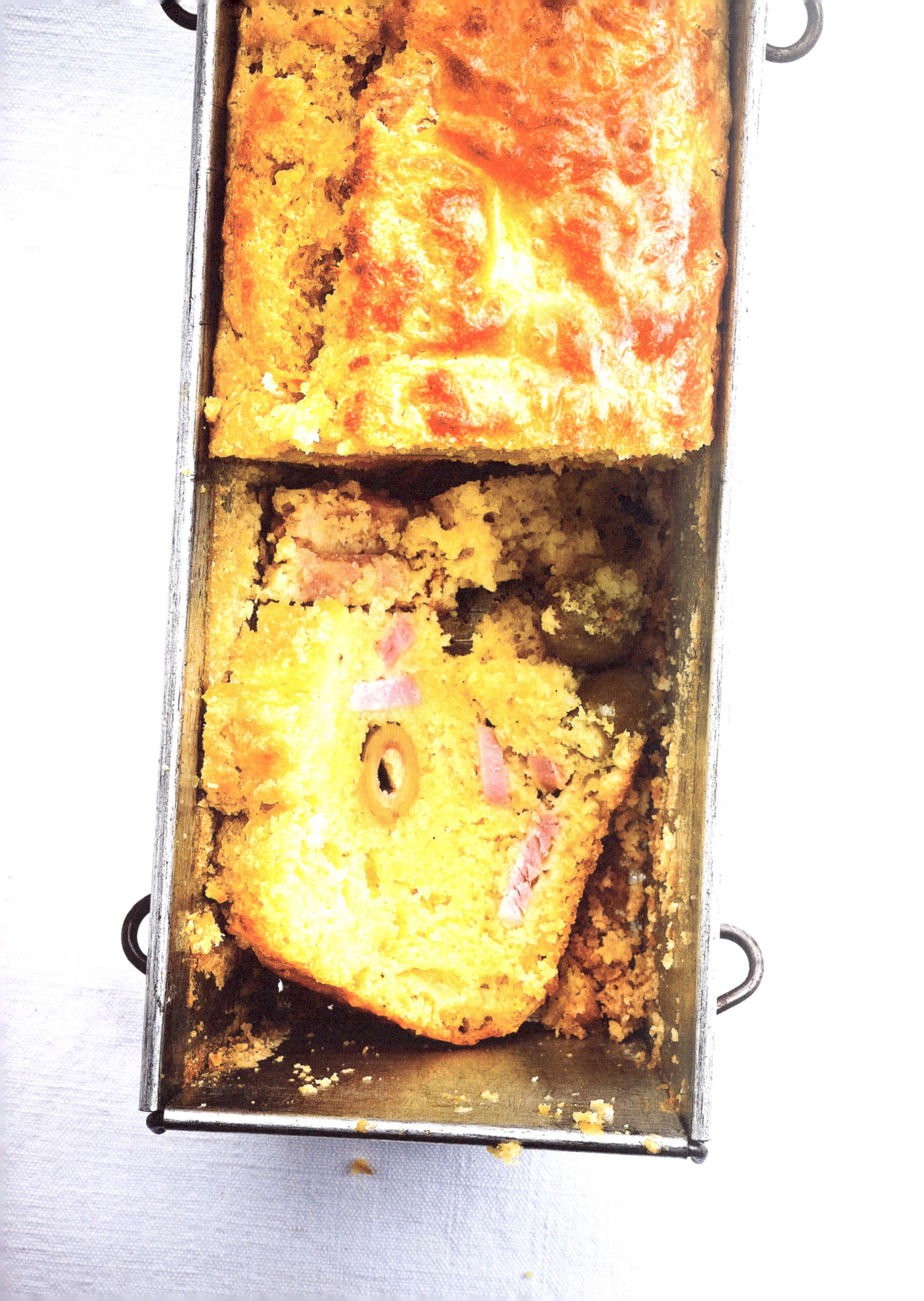

CAKE OLIVES JAMBON

prêt en 10 minutes

45 minutes de cuisson

pour 4 personnes

farine + levure
250 g

olives vertes
200 g

dés de jambon
200 g

gruyère râpé
150 g

lait
10 cl

œufs
x 4

- Préchauffez le four à 180 °C. Huilez un moule à cake. Mélangez la farine et la levure puis ajoutez les œufs, le lait et 10 cl d'huile neutre. Ajoutez les olives, le jambon et le fromage râpé. Ne travaillez pas trop la pâte. Salez et poivrez.
- Versez dans le moule huilé et faites cuire 45 minutes environ. Vérifiez la cuisson avec une pique en bois. Laissez tiédir avant de démouler.

CAKE POIRES ROQUEFORT

farine
250 g

levure
1 sachet

œufs
x 4

poire
x 1

lait
10 cl

roquefort
150 g

prêt en 10 minutes

45 minutes de cuisson

pour 4 personnes

- Préchauffez le four à 180 °C. Huilez un moule à cake. Pelez la poire et coupez-la en morceaux.
- Mélangez la farine et la levure. Ajoutez le lait, 10 cl d'huile et les œufs. Mélangez sans trop travailler la pâte. Ajoutez le roquefort et la poire. Salez et poivrez.
- Versez dans le moule huilé et faites cuire 45 minutes. Vérifiez la cuisson avec une pique en bois. Laissez tiédir avant de démouler.

CAMEMBERT FARCI

prêt en 10 minutes

sans cuisson

pour 4 personnes

camembert
x 1 (assez fait)

figues sèches
x 4

amandes sèches
x 16

pistaches vertes
x 16

noisettes
x 16

○ Retirez le pédoncule des figues et coupez-les en lamelles. Coupez le camembert en deux dans l'épaisseur.

○ Garnissez la base des fruits secs. Recouvrez de l'autre moitié du camembert, couvrez de film alimentaire et placez au réfrigérateur.

○ Laissez reposer à température ambiante 30 minutes avant de servir.

BALLS DE CHÈVRE PANÉES

fromage de chèvre frais
250 g

fines herbes
3 cuillères à soupe

sésame doré
3 cuillères à soupe

curry en poudre
3 cuillères à soupe

paprika
3 cuillères à soupe

prêt en 15 minutes

sans cuisson

pour 4 personnes

- Hachez les fines herbes.
- Prélevez des noisettes de fromage et formez des boulettes.
- Passez les boulettes dans les fines herbes, dans le sésame, dans le curry ou dans le paprika. Réservez au frais.

60

PLATEAU PRINTEMPS-ÉTÉ

fromages
un assortiment

tomates grappe
500 g

sucre à confiture
375 g

graines de fenouil
½ cuillère à café

prêt en 20 minutes

35 minutes de cuisson

pour 4 personnes

- Préparez la confiture de tomates. Ébouillantez les tomates 30 secondes, pelez-les et coupez-les en quartiers. Vous devez obtenir 350 g de pulpe. Mettez-la dans une cocotte.
- Versez 2 cuillères à soupe de sucre sur les tomates et 1 pincée de sel. Portez à ébullition en mélangeant puis ajoutez le reste de sucre et les graines de fenouil. Poursuivez la cuisson 30 minutes environ.
- Laissez refroidir et servez avec l'assortiment de fromages.

PLATEAU AUTOMNE-HIVER

prêt en 20 minutes

1 heure 20 de cuisson

pour 4 personnes

fromages
un assortiment

vin rouge fruité
60 cl

figues fraîches
450 g

pommes
x 2

poires
x 2

sucre
250 g

○ Lavez et séchez les figues puis coupez-les en 2. Pelez les pommes et les poires puis détaillez-les en cubes. Mélangez le vin, les fruits et le sucre dans une casserole. Ajoutez 1 feuille de laurier et 1 bâton de cannelle et portez à ébullition à feu moyen en mélangeant.

○ Réduisez le feu et laissez cuire à frémissement pendant 1 heure 20. La confiture doit être assez épaisse.

○ Retirez la feuille de laurier, la cannelle et le zeste. Laissez refroidir à température ambiante avant de servir avec les fromages.

SANGRIA

prêt en 10 minutes

sans cuisson

pour 4 personnes

vin rouge
1 bouteille

limonade
75 cl

grenade
½ coupée en morceaux

orange
x 1

citron
x 1

- Rincez et séchez les fruits. Coupez l'orange et le citron en quartiers.
- Versez le vin et la limonade sur les fruits. Ajoutez des glaçons. Goûtez et ajoutez un peu de sucre si nécessaire.

SANGRIA AU PROSECCO

prêt en 10 minutes

sans cuisson

pour 4 personnes

prosecco
1 bouteille

orange
x 1

citron
x 1

pomme
x 1

Grand-Marnier
30 cl

limonade
25 cl

- Lavez et séchez les fruits puis tranchez-les finement. Mettez-les dans un pichet ou un saladier.
- Versez le Grand-Marnier et le prosecco. Laissez reposer 1 heure environ au réfrigérateur puis versez la limonade au moment de servir.
- Ajoutez des glaçons. Décorez avec des feuilles de menthe.

GIN TONIC

prêt en 10 minutes

sans cuisson

pour 4 personnes

concombre
8-12 rondelles

gin
16 cl

tonic
60 cl

- Mettez des glaçons dans 4 verres.
- Versez 4 cl de gin par verre et rallongez de 20 cl de tonic.
- Ajoutez 2-3 rondelles de concombre.

PUNCH FLAMBÉ

vin rouge léger
1 l

brandy
35 cl

cassonade
90 g

orange
x 1

citron jaune
x 1

cannelle
2 bâtons

prêt en 15 minutes

1 minute de cuisson

pour 4 personnes

- Rincez et séchez l'orange et le citron. Coupez-les en tranches.
- Portez le vin rouge à ébullition dans une casserole avec les bâtons de cannelle et le sucre, ajoutez l'orange et le citron. Versez dans un saladier ou une carafe en verre (résistant à la chaleur).
- Faites chauffer le brandy dans une casserole, enflammez-le et versez sur le punch. Servez immédiatement dans des verres afin que le punch flambe encore une fois servi.

PUNCH AU CHAMPAGNE

prêt en 10 minutes

sans cuisson

pour 4 personnes

champagne
1 bouteille

jus d'ananas
50 cl

rhum
30 cl

citrons verts
x 2

orange
x 1

sucre
4 cuillères à soupe

- Rincez et séchez l'orange et le citron vert. Coupez-les en tranches ou en quartiers.
- Versez le jus d'ananas, le rhum et le sirop de canne sur les citrons et l'orange. Laissez macérer 12 heures au réfrigérateur.
- Au moment de servir, versez le champagne.
- Conseil : vous pouvez ajouter de l'ananas frais.

PUNCH LIQUEUR DE SUREAU

prêt en 5 minutes

sans cuisson

pour 4 personnes

liqueur de sureau
16 cl

prosecco
24 cl

citron jaune
x 1

limonade
24 cl

- Prélevez 4 zestes de citron.
- Mettez des glaçons dans 4 verres. Versez 4 cl de liqueur de sureau dans chaque verre puis 6 cl de prosecco et 6 cl de limonade. Ajoutez les zestes.

SPRITZ

prêt en 5 minutes

sans cuisson

pour 4 personnes

orange
4 tranches

apérol ou campari
24 cl

limonade ou soda
4 traits

prosecco
36 cl

- Mettez quelques glaçons dans un verre.
- Ajoutez l'orange. Versez 6 cl de campari puis 9 cl de prosecco et la limonade.

AMÉRICANO

prêt en 5 minutes

sans cuisson

pour 4 personnes

orange
x 1

campari
16 cl

vermouth
16 cl

citron
x 4

limonade
4 cl

- Coupez l'orange en 8 quartiers puis coupez-les encore en deux. Prélevez 4 zestes de citron.
- Dans 4 verres, mettez quelques glaçons, les morceaux d'orange et le zeste de citron. Versez 4 cl de campari, 4 cl de vermouth, puis 1 cl de limonade.

Que faire avec ?

58, rue Jean Bleuzen, 92178 Vanves Cedex
Dépôt légal : août 2016
7124655/05
ISBN : 9782501115100
Mise en page : Nord Compo
Achevé d'imprimer en novembre 2017
sur les presses de Graficas Estella en Espagne

PAPIER À BASE DE FIBRES CERTIFIÉES

MARABOUT
s'engage pour l'environnement en réduisant l'empreinte carbone de ses livres.
Celle de cet exemplaire est de :
1000g éq. CO_2
Rendez-vous sur www.marabout-durable.fr